Impressum
Verlag: BABADADA GmbH, Nedderfeld 112 , 22529 Hamburg
Geschäftsführer / Verlagsleitung: Harald Hof
Druck: Books on Demand GmbH, In de Tarpen 42, 22848 Norderstedt

Imprint
Publisher: BABADADA GmbH, Nedderfeld 112 , 22529 Hamburg, Germany
Managing Director / Publishing direction: Harald Hof
Print: Books on Demand GmbH, In de Tarpen 42, 22848 Norderstedt, Germany

iskola

ትምህርት ቤት

osztályterem
መማሪያ ክፍል
oszt
186/2
asztal
ሰሌዳ
iskolaudvar
የትምህርት ቤት ቅጥር ግቢ
tanár
መምህር
papír
ወረቀት
írni
መፃፍ
toll
እስክሪብቶ
íróasztal
መፃፊያ ጠረጴዛ
vonalzó
ማስመሪያ
könyv
መጽሐፍ
tanuló
ተማሪ

iskolatáska

የጀርባ ቦርሳ

tolltartó

የእርሳስ መያዣ

ceruza

እርሳስ

ceruzahegyező

የእርሳስ መቅረጫ

radír

ላጲስ

rajzfüzet

የስዕል ደብተር

2 iskola - ትምህርት ቤት

rajz

ስዕል

ecset

የቀለም ብሩሽ

festőkészlet

የቀለም ሳጥን

olló

መቀስ

ragasztó

ማጣበቂያ

munkafüzet

መልመጃ ደብተር

házi feladat

የቤት ስራ

12

szám

ቁጥር

2+2

összead

መደመር

5-2

kivon

መቀነስ

2×2

szoroz

ማባዛት

számol

ቁጥሮችን ማስላት

A

betű

ደብዳቤ

ABCDEFG
HIJKLMN
OPQRSTU
VWXYZ

ABC

ፊደላት

szó

ቃል

szöveg

ፅሑፍ

olvasni

ማንበብ

kréta

ጠመኔ

tanóra

ትምህርት

napló

ምዝገባ

vizsga

ፈተና

bizonyítvány

ሰርተፊኬት

iskolai egyenruha

የትምህርት ቤት የደንብ ልብስ

oktatás

ትምህርት

enciklopédia

አዉደ ጥበብ

egyetem

ዩኒቨርስቲ

mikroszkóp

የምርምር አጉሊ መሳርያ

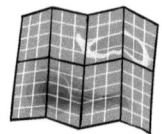

térkép

ካርታ

papír-hulladék gyűjtő

የቆሻሻ ወረቀት መጣያ ቅርጫት

hotel
ሆቴል
Grand
szállás
ማረፊያ ቤት
ROOMS
valutaváltó iroda
የውጭ ገንዘብ ምንዛሪ ቢሮ
bőrönd
ልብስ መያዣ
ሻንጣ
autó
መኪና

nyelv

ቋንቋ

igen/nem

አዎ/ አይደለም

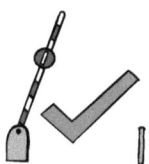

rendben

እሺ

szia

ሰላም

fordító

አስተርጓሚ

köszönöm

አመሰግናለሁ

mennyibe kerül...?

ስንት ነዉ.......?

nem értem

አልገባኝም

probléma

እክል

Jó estét!

እንደምን አመሹ!

jó reggelt!

እንደምን አደሩ!

jó éjszakát!

መልካም ምሽት!

viszontlátásra

ደህና ይሰንብቱ

útirány

አቅጣጫ

poggyász

ሻንጣ

táska

ቦርሳ

hátizsák

የጀርባ ቦርሳ

vendég

እንግዳ

szoba

ክፍል

hálózsák

የመተኛ ቦርሳ

sátor

ድንኳን

turista információ

የጎብኚዎች መረጃ

strand

የባህር ዳርቻ

hitelkártya

ክሬዲት ካርድ

reggeli

ቁርስ

ebéd

ምሳ

vacsora

እራት

jegy

ቲኬት

lift

አሳንሰር

bélyeg

ማህተም

határ

ድንበር

vám

ባህሎች

nagykövetség

ኤምባሲ

vízum

ቪዛ/የይለፍ ወረቀት

útlevél

ፓስፖርት

közlekedés
መጓጓዣ

repülőgép
አዉሮፕላን

hajó
መርከብ

tűzoltóautó
የእሳት አደጋ
መኪና

busz
አዉቶቡስ

tehergépkocsi
የጭነት መኪና

motorcsónak
የሞተር ጀልባ

bicikli
ብስክሌት

autó
መኪና

komp

የማመላለሻ ጀልባ

csónak

ጀልባ

motorkerékpár

የሞተር ብስክሌት

rendőrautó

የፖሊስ መኪና

versenyautó

የዉድድር መኪና

bérautó

የኪራይ መኪና

telekocsi

የመኪና መጋራት

vontató

ጎታች መኪና

szemetes autó

የቆሻሻ ጭነት መኪና

motor

ሞተር

üzemanyag

ነ ጅ

benzinkút

የቤንዚን ማደያ

közlekedési tábla

የመንገድ ምልክት

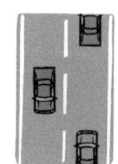

forgalom

የመኪኖች እንቅስቃሴ

forgalmi dugó

የመኪና መጨናነቅ

parkoló

የመኪና ማቆሚያ

vonatállomás

የባቡር ጣቢያ

sínek

የባቡር ሀዲዶች

vonat

ባቡር

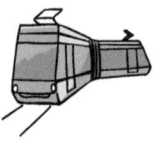

villamos

የኤሌክትሪክ ባቡር

vagon

ሰረገላ

helikopter

ሄሊኮፕተር

repülőtér

አየር ማረፊያ

torony

ማማ

utas

መንገደኛ

konténer

ማስቀመጫ፤ ማጠራቀሚያ

kartondoboz

ካርቶን እቃ ማሸጊያ

taliga

ጋሪ፤ ተሳቢ

kosár

ቅርጫት

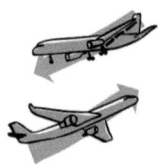

felszáll / leszáll

መነሳት/ ማረፍ

város

ከተማ

falu

መንደር

városközpont

የከተማ ማዕከል

ház

ቤት

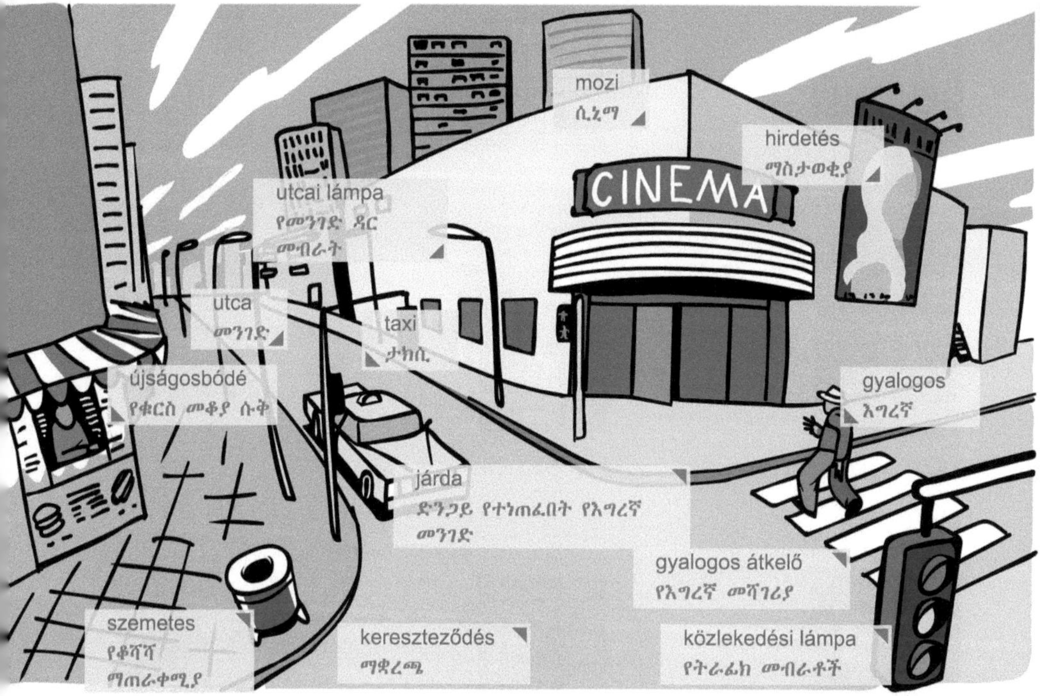

mozi
ሲኒማ
hirdetés
ማስታወቂያ
utcai lámpa
የመንገድ ዳር መብራት
utca
መንገድ
taxi
ታክሲ
újságosbódé
የቁርስ መቆያ ሱቅ
gyalogos
እግረኛ
járda
ድንጋይ የተነጠፈበት የእግረኛ መንገድ
gyalogos átkelő
የእግረኛ መሻገሪያ
szemetes
የቆሻሻ ማጠራቀሚያ
kereszteződés
ማቋረጫ
közlekedési lámpa
የትራፊክ መብራቶች

kunyhó

ጎጆ

lakás

አፓርታማ

vonatállomás

የባቡር ጣቢያ

városháza

የከተማ አዳራሽ

múzeum

ቤተ መዘክር

iskola

ትምህርት ቤት

egyetem

ዩኒቨርስቲ

bank

ባንክ

kórház

ስፒታል

hotel

ቴል

gyógyszertár

መድሐኒት ቤት

iroda

ቢሮ

könyvesbolt

መፀሐፍ መሸጫ

üzlet

ቅ

virágüzlet

የአበባ መሸጫ

szupermarket

የሸቀጣ ሸቀጥ መደብር

piac

ገበያ ስፍራ

áruház

መደብር

halárus

የዓሳ ነጋዴ

bevásárló központ

የገበያ ማዕከል

kikötő

ወደብ

park

መናፈሻ ቦታ

pad

አግዳሚ ወንበር

híd

ድልድይ

lépcső

ደረጃዎች

metró

ዉስጥ ለዉስጥ

alagút

ዋሻ

buszmegálló

የአዉቶቡስ ፌርማታ

bár

ባር

étterem

ምግብ ቤት

postaláda

የፖስታ ሳጥን

utcatábla

የመንገድ ምልክት

parkoló óra

የመኪና ማቆሚያ ሒሳብ የሚያሰላ
ማሽን

állatkert

የደር እንስሳት ማቆያ

uszoda

የመዋኛ ገንዳ

mecset

መስጊድ

gazdálkodás

እርሻ

környezetszennyezés

የሚበክል ነገር

temető

መቃብር ስፍራ

templom

ቤተ ክርስቲያን

játszótér

መጫወቻ ሜዳ

szentély

ቤተ መቅደስ

táj

መልከዓምድር

levél
ቅጠል

útjelző tábla
የመንገድ ላይ
ምልክት

út
መንገድ

rét
አረንጓዴ መስክ

kő
ድንጋይ

fa
ዛፍ

túrázó
በእግሩ የሚጓዝ

folyó
ወንዝ

fű
ሳር

virág
አበባ

völgy

ሸለቆ

domb

ኮረብታ

tó

ሀይቅ

erdő

ጫካ

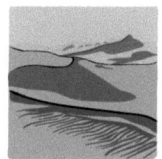

sivatag

በረሃ

vulkán

እሳተ ገሞራ

kastély

ግምብ

szivárvány

ቀስተ ዳመና

gomba

እንጉዳይ

pálmafa

የቴምብር ዛፍ/ ዘንባባ

szúnyog

ቢንቢ/ የወባ ትንኝ

légy

በራሪ

hangya

ጉንዳን

méhecske

ንብ

pók

ሸረሪት

táj - መልከዓምድር

bogár

....

ጢንዚዛ

béka

....

እንቁራሪት

mókus

....

ሽኮኮ

sündisznó

....

ጃርት

nyúl

....

ጥንቸል

bagoly

....

ጉጉት ወፍ

madár

....

ወፍ

hattyú

....

የዉሃ ዳክዬ

vaddisznó

....

ከርከሮ

szarvas

....

አጋዘን

rénszarvas

....

አጋዘን

gát

....

ግድብ

szélturbina

....

በነፋስ የሚሽከረከር

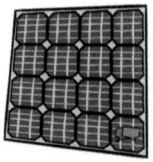

napelem

....

የፀሀይ ፓኔሎ

éghajlat

....

አየር ንብረት

étterem

ምግብ ቤት

pincér
አስተናጋጅ
menü
ማዉጫ
szék
ወንበር
leves
ሾርባ
pizza
ፒዛ
terítő
የጠረጴዛ ጨርቅ
evőeszköz
መክተፊያ

előétel

....

የምግብ ፍላጎትን የሚከፍት ምግብ

főétel

....

ዋና ምግብ

desszert

....

ማጣጣሚያ ተከታይ ምግብ

italok

....

መጠጦች

étel

....

ምግብ

üveg

....

ጠርሙስ

gyorsétel

ፈጣን ምግብ

gyorsétel

የመንገድ ምግብ

teás kanna

የሻይ ማንቆርቆሪያ

cukortartó

የስኳር እቃ

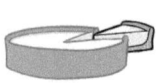

adag

ድርሻ

eszpresszógép

የቡና ማፊያ ማሽን

bárszék

ባለጌ ወንበር

számla

የክፍያ ደረሰኝ

tálca

ትሪ

kés

ቢላዋ

villa

ሹካ

kanál

ማንኪያ

teáskanál

የሻይ ማንኪያ

szalvéta

ልብስ ምግብ እንዳይነካ የሚረዳ ጨርቅ

pohár

ብርጭቆ

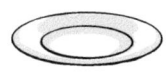

tányér

....

ዝርግ ሰሀን

leveses tányér

....

የሾርባ ጎድጓዳ ሰሀን

csészealj

....

የስኒ ማስቀመጫ

szósz

....

ማጣፈጫ ስጎ

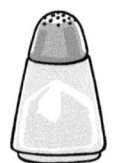

sószóró

....

የጨው እቃ

borsőrlő

....

የተፈጨ ቃሪያ

ecet

....

ኮምጣጤ

étkezési olaj

....

የምግብ ዘይት

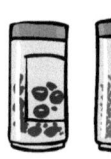

fűszerek

....

ቀመማ ቅመሞች

ketchup

....

የቲማቲም ድልህ

mustár

....

ሰናፍጭ

majonéz

....

ማዮኒዝ

szupermarket

የሸቀጣ ሸቀጥ መደብር

különleges ajánlat
ልዩ አቅራቦት
ügyfél
ደምበኛ
tejtermék
የወተት ተዋፅዖ
gyümölcsök
ፍራፍሬ
bevásárló kocsi
ባለ ጎማ የእጅ ጋሪ

hentes

ሉካንዳ ነጋዴ

pékség

መጋገርያ

nyom valamennyit

ክብደት መመዘን

zöldség

ቅጠላ ቅጠል አትክልት

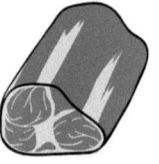

hús

ስጋ

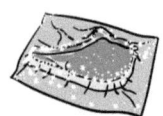

fagyasztott áru

የቀዘቀዘ/የረጋ ምግብ

felvágott

ቀዝቃዛ ቁራጭ

konzerv

የታሸገ ምግብ

mosópor

የማጠቢያ ዱቄት

édességek

ጣፋጮች

háztartási termék

የቤት ዉስጥ ዉጤቶች

tisztítószerek

የፅዳት ምርቶች

eladó

የሽያጭ ባለሙያ

pénztárgép

የገንዘብ መመዝቢያ ማሽን

eladó

የሒሳብ ሰራተኛ

bevásárló lista

የግዢ ዝርዝር

nyitva tartás

ክፍት ሰዓታት

levéltárca

የኪስ ቦርሳ

hitelkártya

ክሬዲት ካርድ

zacskó

ቦርሳ

műanyag zacskó

የፕላስቲክ ቦርሳ

italok

መጠጦች

víz

ውሃ

gyümölcslé

ጭማቂ

tej

ወተት

kóla

ኮካ-ኮላ

bor

ወይን

sör

ቢራ

alkohol

አልኮል

kakaó

ኮካ

tea

ሻይ

kávé

ቡና

eszpresszó

የተፈላ ቡና

kapucsínó

ካፑቺኖ

étel

ምግብ

banán

ሙዝ

alma

ፖም

narancs

ብርቱካን

sárgadinnye

ሀብሀብ

citrom

ሎሚ

sárgarépa

ካሮት

fokhagyma

ነጭ ሽንኩርት

bambusz

ሸምበቆ

hagyma

ቀይ ሽንኩርት

gomba

እንጉዳይ

magvak

ለዉዝ

nokedli

የህፃናት ምግብ

spagetti

ፓስታ

rizs

ሩዝ

saláta

ሰላጣ

sült krumpli

የድንች ጥብስ

sült burgonya

ድንች ጥብስ

pizza

ፒዛ

hamburger

ዳቦ ዉስጥ በስሱ ተጠብሶ የገባ ስጋ

szendvics

ሳንድዊች

hússzelet

ጥሬ ስጋ

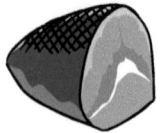

sonka

የአሳማ ስጋ

szalámi

በቅመምና በጨዉ የታሸ ምግብ ቀዝቅዞ የሚበላ ሾርባ ምግብ

kolbász

ቋሊማ

csirke

ዶሮ

pecsenye

ጥብስ

hal

አሳ

zabkása

የአጃ ገንፎ

müzli

ከወተት ጋር ተደባልቀዉ የሚበሉ ምግቦች

kukoricapehely

የበቆሎ ቅርፊት

liszt

ዱቄት

croissant

ኩራሳ

zsemle

ድብልብል ዳቦ

kenyér

ዳቦ

pirítós kenyér

መጥበስ

keksz

ብስኩት

vaj

ቅቤ

túró

እርጎ

sütemény

ኬክ

tojás

እንቁላል

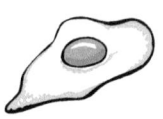

tükörtojás

እንቁላል ጥብስ

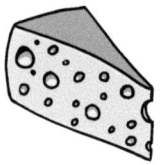

sajt

አይብ

jégkrém

የበረዶ ክሬም

cukor

ስኳር

méz

ማር

lekvár

ማርማላት

mogyorókrém

የተናጠ የወተት ክሬም

curry

ማጣፈጫ

gazdálkodás

እርሻ

parasztház
የገበሬ ቤት
pajta
የእህልና የከብት ማቀመጫ ቤት
szalmakazal
የጭድ ክምር
mező
ሜዳ
ló
ፈረስ
vontató
ተሳቢ መኪና
traktor
የእርሻ መኪና
csikó
የፈረስ ዉርንጭላ
szamár
አህያ
juh
በግ
bárány
የበግ ጠቦት

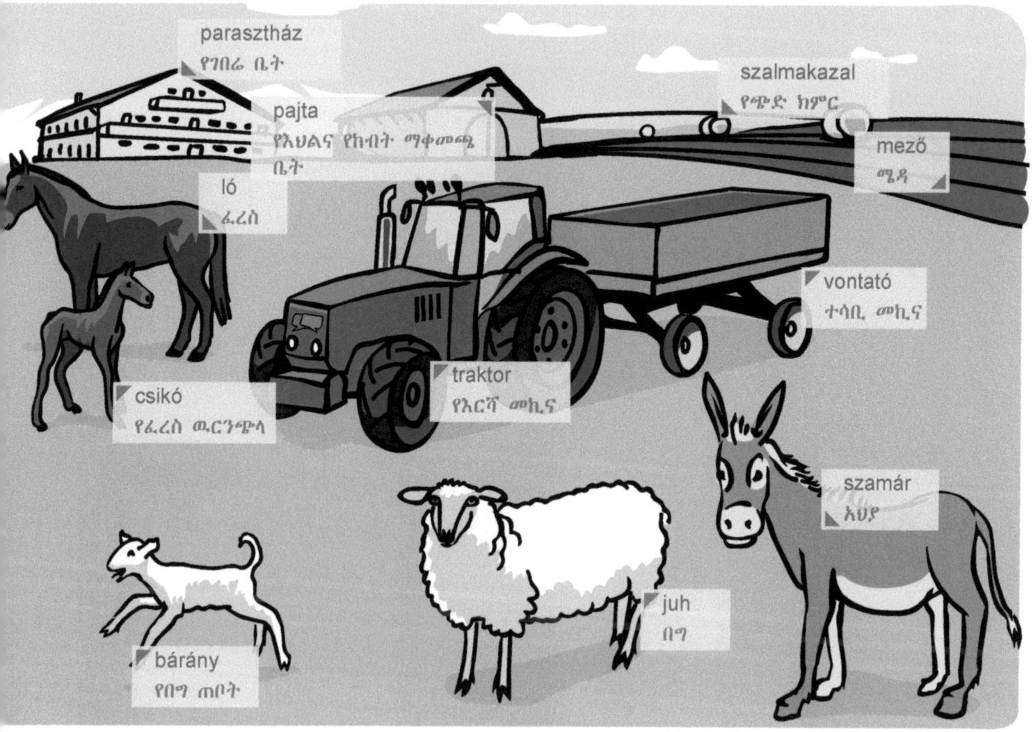

kecske

ፍየል

tehén

ላም

borjú

ጥጃ

malac

አሳማ

kismalac

ግልገል አሳማ

bika

ኮርማ

liba

ዝይ

kacsa

ዳክዬ

csibe

የዶሮ ጫጩት

tojó

ዶር

kakas

አዉራ ዶሮ

patkány

አይጥ

macska

ደድመት

egér

አይጥ

ökör

በሬ

kutya

ዉሻ

kutyaház

የዉሻ ቤት

kerti öntözőcső

የአትክልት ቦታ

öntözőkanna

ዉሃ ማጠጫ ባልዲ

kasza

ረጅም ማጭድ

eke

ማረሻ

sarló

ማጭድ

kapa

መኮትኮቻ

vasvilla

የእህል መንሽ

fejsze

መጥረቢያ

talicska

ኩርኩር/ የእጅ ጋሪ

teknő

ገንዳ

tejes kancsó

የወተት ዕቃ

zsák

ጆንያ ከረጢት

kerítés

አጥር

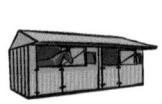

istálló

የፈረስ ጋጣ

üvegház

ዕፅዋት ማሳደጊያ የመስታዉት ቤት

talaj

አፈር

vetőmag

ዘር

trágya

የመሬት ማዳበሪያ

cséplőgép

ጥምር ማረሻ

szüretelni

አዝመራ መሰብሰብ

betakarítás

አዝመራ

yamgyökér

ድንች

búza

ስንዴ

szója

ሶያ

burgonya

ድንች

kukorica

በቆሎ

repcemag

የከብት መኖ

gyümölcsfa

የፍሬ ዛፍ

manióka

የካሳቫ ዛፍ

gabona

እህል

ház

ቤት

kémény
የጪስ ማዉጫ
tető
ጣራ
eresz
አሸንዳ
ablak
መስኮት
garázs
ጋራዥ
ajtócsengő
የበር ደወል
ajtó
በር
szemetes
የቆሻሻ ማጠራቀሚያ
postaláda
ፖስታ ሳጥን
kert
የአትክልት ቦታ

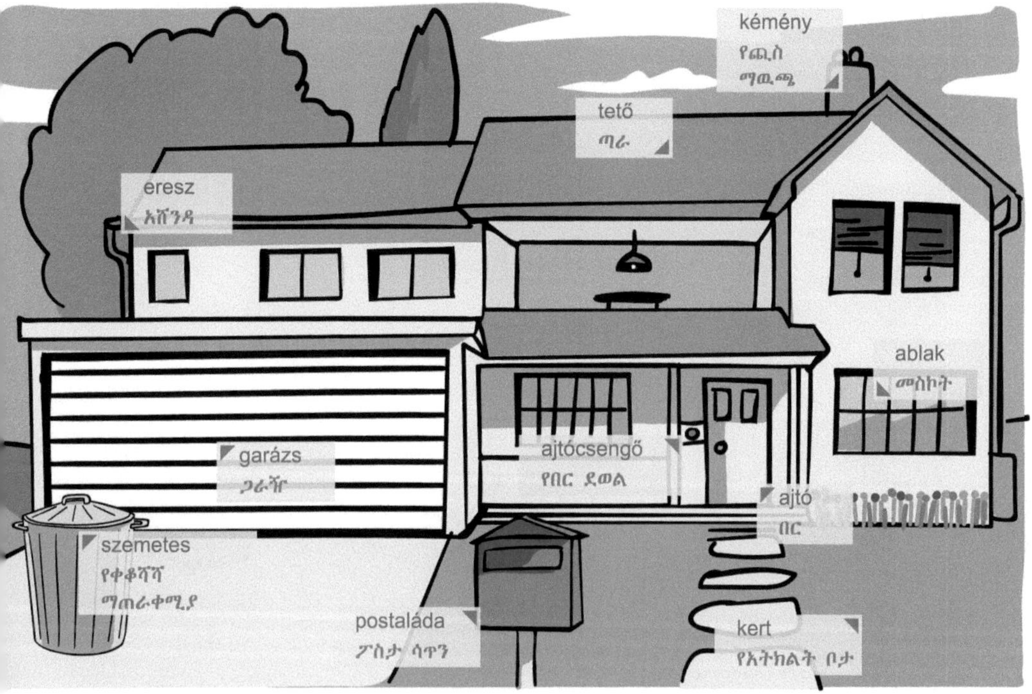

nappali

ሳሎን

fürdőszoba

መታጠቢያ ቤት

konyha

ማድቤት

hálószoba

መኝታ ቤት

gyerekszoba

የልጅ ክፍል

ebédlő

መመገቢያ ክፍል

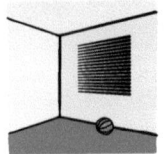

padló

ለል

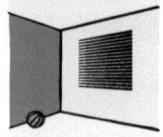

fal

ግድግዳ

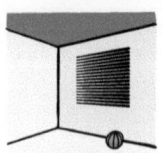

plafon

ጣሪያ

pince

ምድር ቤት

szauna

በእንፋሎት ሙቀት መታጠቢያ
ቤት

erkély

ሰገነት

terasz

ከፍ ያለ መደብ

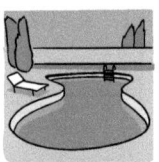

medence

የመዋኛ ገንዳ

fűnyíró

የማጨጃ መኪና

lepedő

አንሶላ

ágytakaró

የአልጋ ልብስ

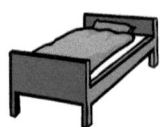

ágy

አልጋ

seprű

መጥረጊያ

vödör

ባልዲ

kapcsoló

ማብሪያና ማጥፊያ

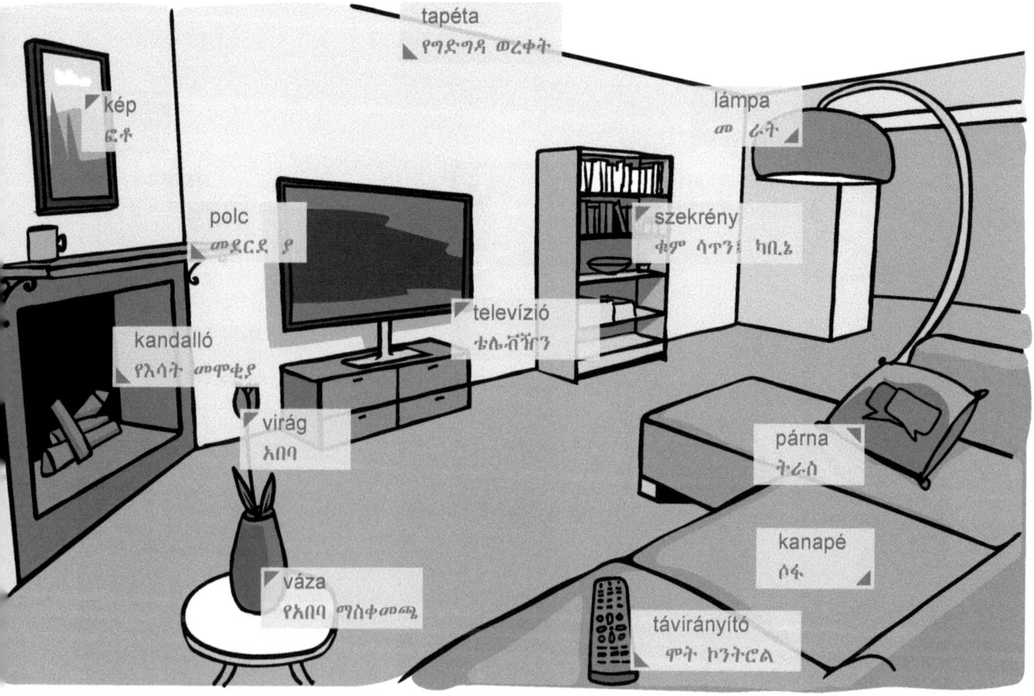

tapéta
የግድግዳ ወረቀት

kép
ፎቶ

lámpa
መብራት

polc
መደርደሪያ

szekrény
ቁም ሳጥን፣ ካቢኔ

kandalló
የእሳት መሞቂያ

televízió
ቴሌቪዥን

virág
አበባ

párna
ትራስ

kanapé
ሶፋ

váza
የአበባ ማስቀመጫ

távirányító
ምት ኮንትሮል

szőnyeg

ንጣፍ

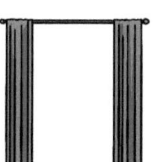

függöny

መጋረጃ

asztal

ጠረጴዛ

szék

ወንበር

hintaszék

ተወዛዋዥ ወንበር

karosszék

ባለመደገፊያ ወንበር

könyv

መጽሐፍ

takaró

ብርድ ልብስ

dekoráció

ጌጥ

tűzifa

ማገዶ

film

ፊልም

hifi

የሙዚቃ መማጫወቻ

kulcs

ቁልፍ

újság

ጋዜጣ

festmény

ስዕል

poszter

የተለጠፈ ማስታወቂያ እንደ ስዕል

rádió

ራዲዮ

jegyzetfüzet

ማስታወሻ ደብተር

porszívó

የአየር ማፅጃ ለምንጣፍ

kaktusz

ቁልቋል

gyertya

ሻማ

konyha

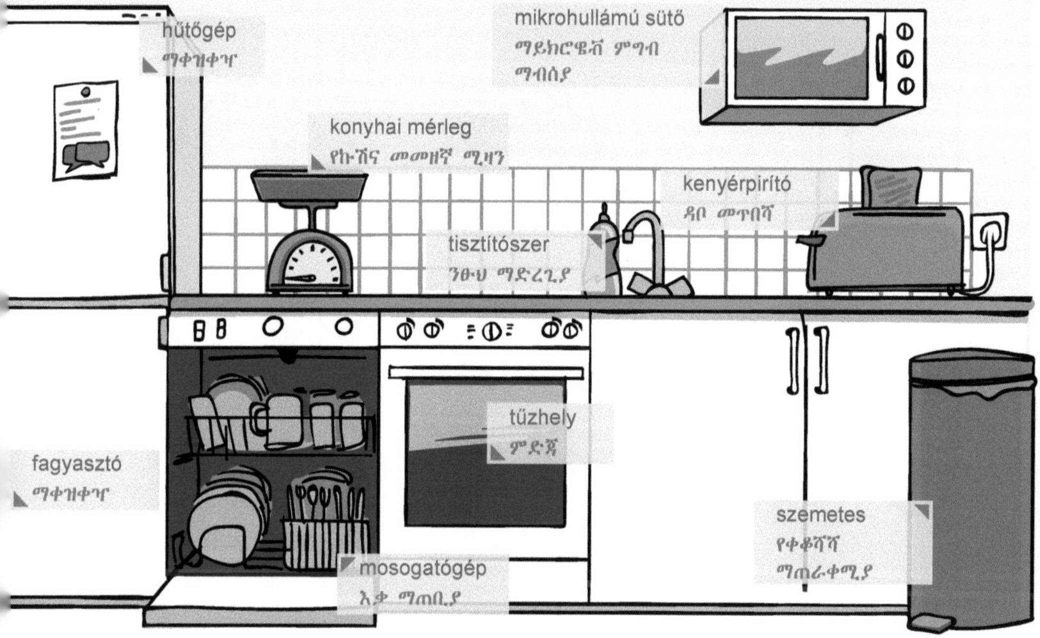

hűtőgép
ማቀዝቀዣ
mikrohullámú sütő
ማይክሮዌቭ ምግብ ማብሰያ
konyhai mérleg
የኩሽና መመዘኛ ሚዛን
kenyérpirító
ዳቦ መጥበሻ
tisztítószer
ንፁህ ማድረጊያ
tűzhely
ምድጃ
fagyasztó
ማቀዝቀዣ
szemetes
የቆሻሻ ማጠራቀሚያ
mosogatógép
እቃ ማጠቢያ

tűzhely
ምግብ አብሳይ

edény
ማሰሮ

vasfazék
የብረት ማሰሮ

wok / kadai
ምግብ ማብሰያ ዝርግ ድስት

serpenyő
የምግብ መጥበሻ

vízforraló
ማንቆርቆሪያ

páróló

የእንፋሎት ማብሰያ

tepsi

የመጋገሪያ ትሪ

étkészlet

ሰብስቦች

bögre

ትልቅ ኩባያ

tálka

ጎድጓዳ ሳህን

evőpálcika

ቾፕስቲክስ

merőkanál

ጭልፋ

keverőlapátka

መሰቅሰቂያ ዝርግ ማንኪያ

habverő

ማደባለቂያ

szűrő

መወጠሪያ

szita

ወንፊት

reszelő

መፈርፈሪያ መሳሪያ

mozsár

ሲሚንቶ

grillsütő

የፍም ጥብስ

kandalló

የተለቀቀ እሳት

vágódeszka

መክተፊያ

sodrófa

ተንሸራታች መርፌ

dugóhúzó

ጠርሙስ መክፈቻ

doboz

ጣሳ

konzervnyitó

ጣሳ መክፈቻ

edényfogó

ማሰሮ መሸፈኛ

mosogató

ሳህን ማጠቢያ

kefe

ብሩሽ

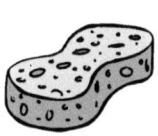

szivacs

ስፖንጅ

turmixgép

መደባለቂያ መሳሪያ

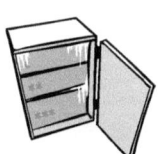

mélyhűtő

በጣም ማቀዝቀዣ

cumisüveg

ጡጦ

csap

ቧንቧ

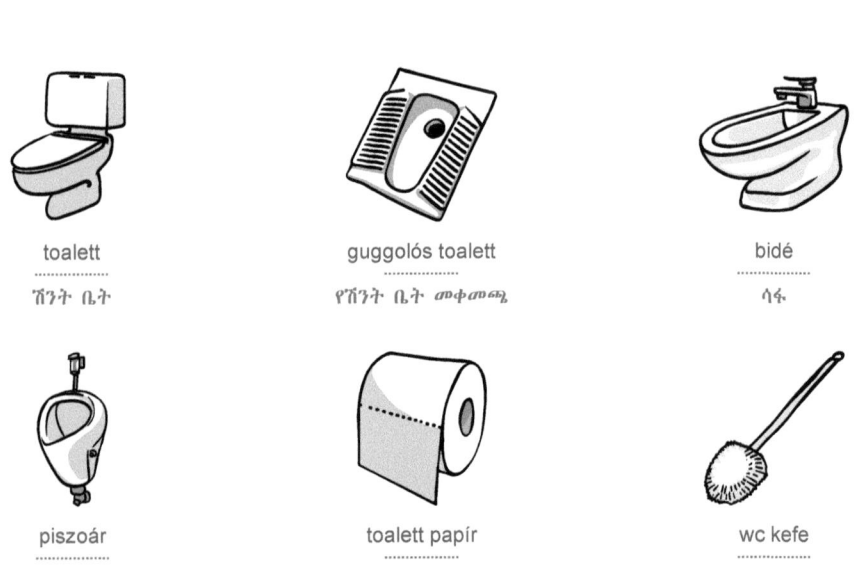

fürdőszoba

መታጠቢያ ቤት

fűtés
ማሞቂያ
zuhany
መታጠቢያ
törölköző
ፎጣ
zuhanyfüggöny
የመታጠቢያ ቤት መጋረጃ
habfürdő
የአረፋ መታጠቢያ
kád
የመታጠቢያ ገንዳ
pohár
ብርጭቆ
mosógép
የልብስ ማጠቢያ
csap
ቧንቧ
csempe
ማዕዘን ወለል
bili
ፖፖ
mosogató
ሳህን ማጠቢያ

toalett

ሽንት ቤት

guggolós toalett

የሽንት ቤት መቀመጫ

bidé

ሳፋ

piszoár

የመንገድ ዳር መሽኛ

toalett papír

የሽንት ቤት ወረቀት

wc kefe

የሽንት ቤት ማፅጃ ብሩሽ

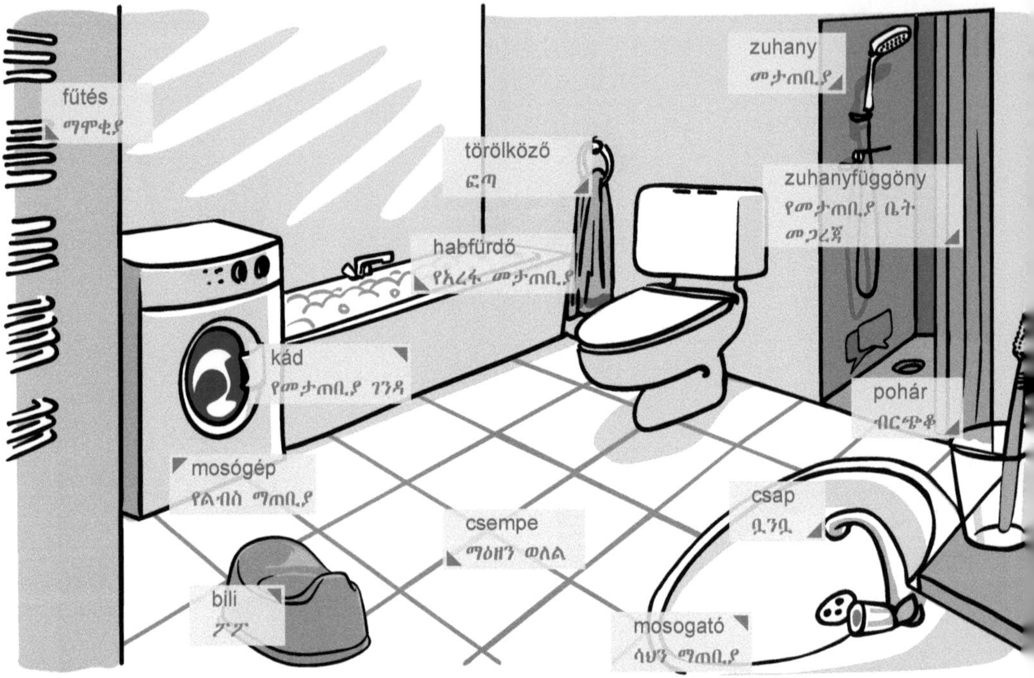

fogkefe

የጥርስ ብሩሽ

fogkrém

የጥርስ ሳሙና

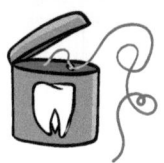

fogselyem

የጥርስ ማፅጃ ክር

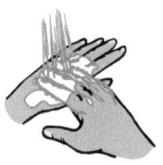

mosni

መታጠብ

kézi zuhany

የእጅ መታጠቢያ

intimzuhany

መታጠቢያ

mosdótál

ጎድጓዳ ሳህን

hátmosó kefe

የጀርባ ብሩሽ

szappan

ሳሙና

tusfürdő

መታጠቢያ የሚዝለገለግ ሳሙና

sampon

የፀጉር መታጠቢያ ሳሙና

mosdókesztyű

ለስላሳ ጨርቅ

lefolyó

ፍሳሽ

krém

ክሬም

dezodor

ጠረን መቀየሪያ ንጥረ ነገር

tükör

መስታወት

kézitükör

የእጅ መስታወት

borotva

ምላጭ

borotvahab

የመላጫ አረፋ

borotválkozás utáni arcszesz

ከመላጨት በኋላ የሚቀባ ሽቱ

fésű

ማበጠሪያ

hajkefe

ብሩሽ

hajszárító

የፀጉር ማድረቂያ

hajlakk

በፀጉር ላይ የሚነፋ

smink

የፊት መቀባቢያ

ajakrúzs

የከንፈር ቀለም

körömlakk

የጥፍር ቀለም

vatta

የጥጥ ሱፍ

körömvágó olló

ጥፍር መቁረጫ

parfüm

ሽቶ

neszesszer

ማጠቢያ ባልዲ

sámli

መቀመጫ

mérleg

ሚዛን

köntös

የመታጠቢያ ልብስ

gumikesztyű

የላስቲክ ጓንት

tampon

ሞዴስ

egészségügyi betét

የፅዳት ፎጣ

vegyi WC

የሽንት ቤት ኬሚካል

gyerekszoba

የልጅ ክፍል

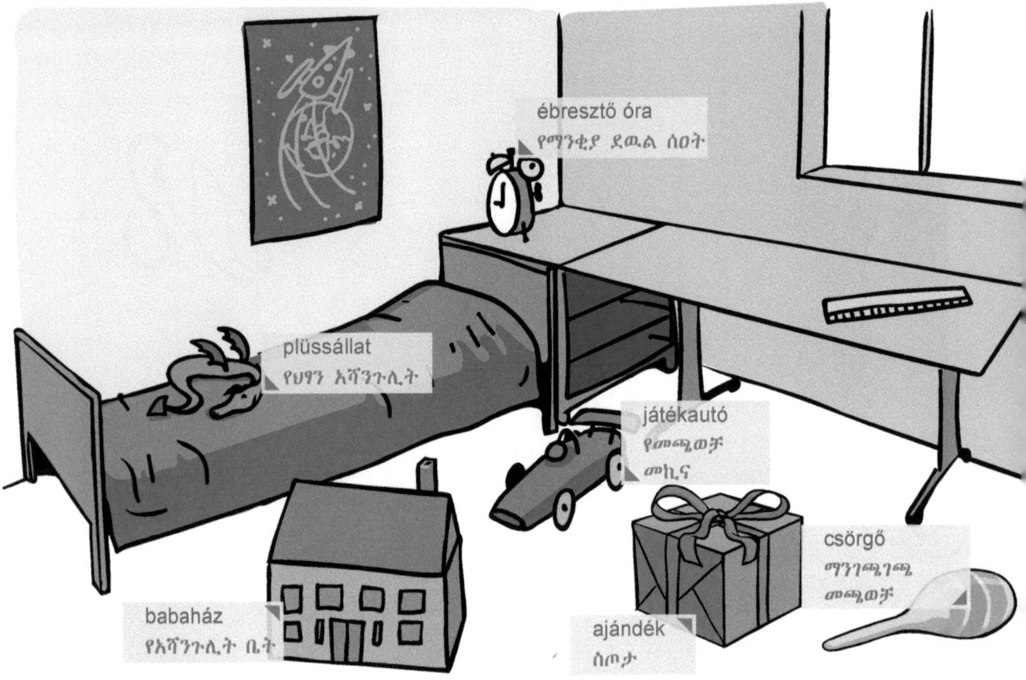

ébresztő óra
የማንቂያ ደዉል ሰዐት
plüssállat
የህፃን አሻንጉሊት
játékautó
የመጫወቻ መኪና
csörgő
ማንገጫገጫ መጫወቻ
babaház
የአሻንጉሊት ቤት
ajándék
ስጦታ

lufi

ፊኛ

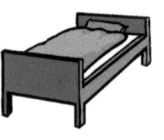

ágy

አልጋ

babakocsi

የህፃን ማንሸራሸሪያ ጋሪ

kártyapakli

የካርታ መጫወቻ

kirakós játék

ቁርጥራጭ ምስሎችን የማገጣጠም እና ምስል የማግኘት ጨዋታ

képregény

አዝናኝ

építőkockák

ተገጣጣሚ መጫወቻ

építőelem

የመጫወቻ መገጣጠሚያዎች

szuperhős

የድርጊት ምስል

rugdalózó

የህፃን እድገት

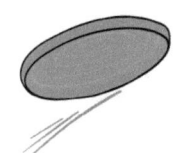

frizbi

የፕላስቲክ መጫወቻ ዝርግ ሰሀን

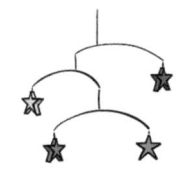

zenélő forgó

ተወዛዋዥ የህፃን ማጫወቻ

társasjáték

የሰሌዳ ጨዋታ

kocka

የመጫወቻ ጠጠር

modellvasút

የመጫወቻ ባቡር

cumi

የእንጀራ እናት ጡጦ

zsúr

ድግስ

képeskönyv

የስዕል መፅሀፍ

labda

ኳስ

baba

አሻንጉሊት

játszani

መጫወት

homokozó

የአሸዋ መጫወቻ

hinta

ዥዋዥዌ

játékok

መጫወቻዎች

videójáték konzol

የቪዲዮ መጫወቻ

tricikli

ባለ ሶስት ጎማ ብስክሌት

teddi maci

የአሻንጉሊት ድብ

ruhásszekrény

ቁምሳጥን

ruházat

አልባሳት

zokni

ካልሲዎች

harisnya

ስቶኪንጎች

harisnyanadrág

ታይት

sál
የአንገት ልብስ

esernyő
ገፍንጥላ

póló
ከናቴራ

öv
ቀበቶ

csizma
ቡቲ

papucs
የቤት ዉስጥ ነጠላ
ጫማ

tornacipő
ስኒከሮች

szandál
ነጠላ ጫማዎች

cipő
ጫማዎች

gumicsizma
የዝናብ ቡትስ

alsónadrág
ሙታንታ

melltartó
ጡት መያዣ

mellény
ሰደርያ

body

ሰዉነት

nadrág

ሱሪዎች

farmer

ጅንስ

szoknya

ጉርድ ቀሚስ

blúz

ሸሚዝ

ing

ሸሚዝ

pulóver

የሚጠለቅ ሹራብ

kapucnis pulóver

ሹራብ

blézer

ዩኒፎርም ጃኬት

dzseki

ጃኬት

kabát

ኮት

esőkabát

የዝናብ ኮት

kosztüm

ልብስ

ruha

ቀሚስ

esküvői ruha

የሙሽራ ቀሚስ

öltöny

ሱፍ

hálóing

የለሊት ልብስ

pizsama

የለሊት ልብስ

szári

ረጅም ቀሚስ

fejkendő

ሂጃብ

turbán

ጥምጣም

burka

ቡርቃ

kaftán

ሽርጥ

abaya

አባያ

fürdőruha

የዋና ልብስ

fürdőnadrág

አጭር ቁምጣ

rövidnadrág

ቁምጣዎች

tréningruha

የስራ ቱታ

kötény

ሽርጥ

kesztyű

ጓንት

gomb

ቁልፍ

szemüveg

መነፅር

karkötő

አምባር

nyaklánc

የአንገት ሀብል

gyűrű

ቀለበት

fülbevaló

የጆሮ ጌጥ

sapka

ኮፍያ

vállfa

የኮት መስቀያ

kalap

ኮፍያ

nyakkendő

ከረቫት

cipzár

ዚፕ

bukósisak

የብረት ቆብ

nadrágtartó

መደገፊያ

iskolai egyenruha

የትምህርት ቤት የደንብ ልብስ

egyenruha

የደንብ ልብስ

előke

መሃረብ

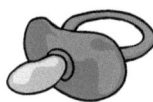

cumi

የእንጀራ እናት ጡጦ

pelenka

ሽንት ጨርቅ

iroda

ቢሮ

szerver
ማሰራጫ ጣቢያ
irattartó szekrény
የፋይል መደርደሪያ ካቢኔ
nyomtató
የህትመት መሳሪያ
papír
ወረቀት
képernyő
መቆጣጠሪያ
egér
ማዉዝ
íróasztal
መፃፊያ ጠረጴዛ
mappa
ማህደር
billentyűzet
የመፃፊ ቁልፎች
papír-hulladék gyűjtő
የቆሻሻ ወረቀት መጣያ ቅርጫት
számítógép
ኮምፒዉተር
szék
ወንበር

kávéscsésze

የቡና መጠጫ ትልቅ ኩባያ

számológép

ማስልያ ማሽን

internet

ኢንተርኔት

laptop

ላፕቶፕ

levél

ደብዳቤ

üzenet

መልዕክት

mobiltelefon

ተንቀሳቃሽ ስልክ

hálózat

የግንኙነት አዉታር

fénymásoló

ማባዣ ማሽን

szoftver

ሶፍትዌር

telefon

ስልክ

konnektor

የግድግዳ ሶኬት

faxgép

የፋክስ ማሽን

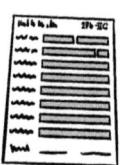

formanyomtatvány

ቅፅ

dokumentum

ሰነድ

venni
....
መግዛት

fizetni
....
መክፈል

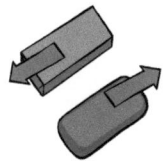

kereskedni
....
መነገድ

pénz
....
ገንዘብ

dollár
....
ዶላር

euró
....
ዩሮ

jen
....
የን

rubel
....
ሩብል

svájci frank
....
የስዊዝ ፍራንክ

kínai jüan
....
ሬንሚንቢ ዩዋን

rúpia
....
ሩጲ

bankautomata
....
የገንዘብ ነጥብ

valutaváltó iroda

የዉጭ ገንዘብ ምንዛሪ ቢሮ

arany

ወርቅ

ezüst

ብር

olaj

ዘይት

energia

ሀይል፤ ጉልበት

ár

ዋጋ

szerződés

ግንኙነት

adó

ቀረጥ

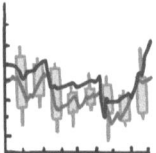

részvény

አክስዮን

dolgozni

መስራት

munkavállaló

ተቀጣሪ

munkaadó

ቀጣሪ

gyár

ፋብሪካ

üzlet

ሱቅ

foglalkozások
የስራ ሙያዎች

rendőr
የፖሊስ አዛዥ
tűzoltó
የእሳት አደጋ ሰራተኛ
szakács
ምግብ አብሳይ
orvos
ዶክተር
pilóta
አብራሪ

kertész

አትክልተኛ

kárpitos

አናጢ

varrónő

ልብስ ሰፊ ሴት

bíró

ዳኛ

vegyész

ቀማሚ

színész

ተዋናይ

buszsofőr

የአዉቶቢስ ሹፌር

taxisofőr

የታክሲ ሹፌር

halász

አሳ አጥማጅ

bejárónő

ፅዳት ሰራተኛ

tetőfedő

የጣራ ሰራተኛ

pincér

አስተናጋጅ

vadász

አዳኝ

festő

ሰዓሊ

pék

ጋጋሪ

villanyszerelő

የኤሌትሪክ ሰራተኛ

építőmunkás

ገምቢ

mérnök

መሃንዲስ

hentes

ልኳንዳ

vízvezeték-szerelő

የቧንቧ ሰራተኛ

postás

የፖስታ ሰራተኛ

katona

ወታደር

építész

መሃንዲስ

eladó

የሒሳብ ሰራተኛ

virágos

አበባ ሻጭ

fodrász

የፀጉር ሰራተኛ

kalauz

ቲኬት ቆራጭ

műszerész

መካኒክ

kapitány

ካፒቴን

fogorvos

የጥርስ ሐኪም

tudós

ተመራማሪ

rabbi

መምህር

imám

የሙስሊም ሃይማኖታዊ መሪ

szerzetes

መነኩሴ

lelkész

ካህን

szerszámok

መሣሪያዎች

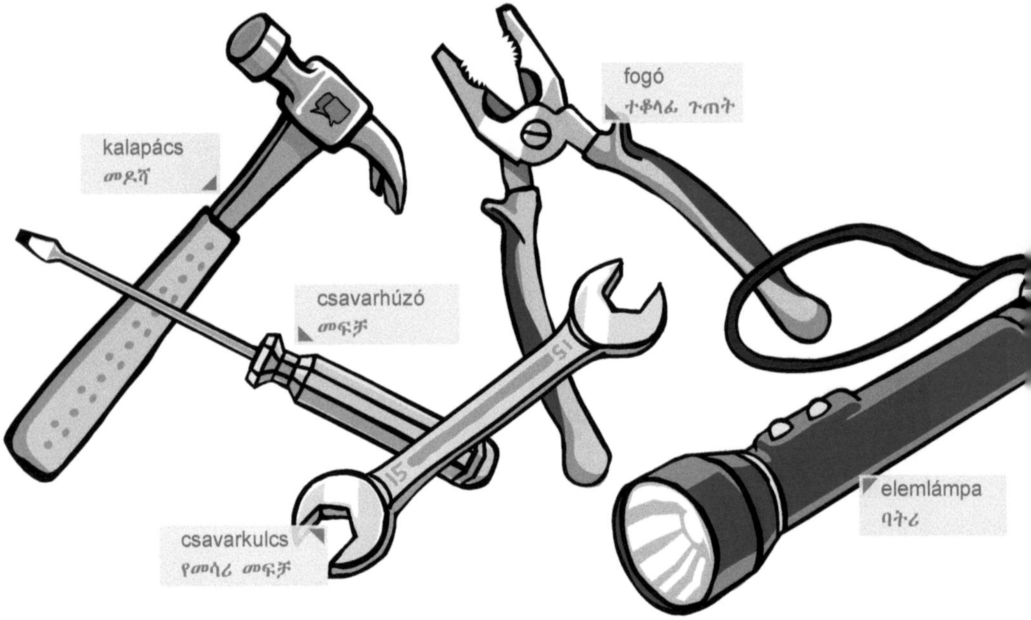

kalapács
መዶሻ
fogó
ተቆላፊ ጉጠት
csavarhúzó
መፍቻ
csavarkulcs
የመሳሪ መፍቻ
elemlámpa
ባትሪ

markológép

በቁፋሮ የሚዝቅ

szerszámosláda

የመፍቻ ሳጥን

vödör

መሰላል

fűrész

መጋዝ

szög

ምስማር

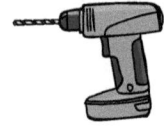

fúrógép

መሰርሰሪያ

megjavítani

መጠገን

lapát

አካፋ

A francba!

የተረገመ!

szemétlapát

ቆሻሻ ማፈሻ

festékesdoboz

የቀለም ቆርቆሮ

csavar

ብሎን

hangszerek

የሙዚቃ መሳሪያዎች

hangszóró
የድምፅ ማጉያ
መሳርያ
dobfelszerelés
የከበሮ መሳሪያዎች
gitár
ክራር መሰል የሙዚቃ
መሳሪያ
nagybőgő
ድርብ ቤዝ ጊታር
trombita
የትንፋሽ ሙዚቃ
መሳሪያ

hangszerek - የሙዚቃ መሳሪያዎች 57

zongora

ፒያኖ

hegedű

ቫዮሊን

basszusgitár

ወፍራም፤ጎርናና ድምፅ ያለዉ ክራር መሰል ሙዚቃ መሳሪያ

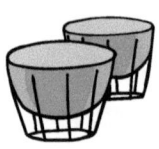

üstdob

ነጋሪት

dobok

ከበሮ

digitális zongora

በኤሌክትሪክ የሚሰራ ፒኖ

szaxofon

የትንፋሽ ሙዚቃ መሳሪያ

fuvola

ዋሽንት

mikrofon

የድምፅ ማጉያ

állatkert

የደር እንስሳት ማቆያ

bejárat
መግቢያ
tigris
ነብር
kalitka
ሳጥን
zebra
የሜዳ አህያ
állateledel
የእንስሳ ምግብ
panda
ትልቅ ድብ

állatok

እንስሳቶች

elefánt

ዝሆን

kenguru

ካንጋሮ

orrszarvú

አዉራሪስ

gorilla

ትልቅ ዝንጀሮ

medve

ድብ

teve

ግመል

strucc

ሰጎን

oroszlán

አንበሳ

majom

ጦጣ

flamingó

ቅልጥመ ረዥም ወፍ

papagáj

በቀቀን

jegesmedve

የወዋልታ ድብ

pingvin

የዋልታ ወፎች

cápa

ረጅም ጥርሶች ያሉትአሳ ነባሪ

páva

ጣዎስ

kígyó

እባብ

krokodil

አዞ

állatgondozó

የዱር አራዊት የሚጠበቁበት
ማቆያን የሚጠብቅ

fóka

አሳ በሊታ የባህር እንስሳ

jaguár

የዱር ድመት

póniló

ድንክ ፈረስ

leopárd

ነብር

víziló

ጉማሬ

zsiráf

ቀጭኔ

sas

ንስር

vaddisznó

ክርከሮ

hal

አሳ

teknős

የባህር ኤሊ

rozmár

የባህር አዉሬ

róka

ቀበሮ

gazella

የሜዳ ፍየል፤ ሚዳቋ

amerikai futball
የአሜሪካ እግርኳስ

kerékpározás
የብስክሌት ስፖርት

tenisz
ቴኒስ

kosárlabda
የቅርጫት ኳስ

úszás
ዋና

jégkorong
የበረዶ ላይ የገና ጨዋታ

boksz
የቡጢ ስፖርት

futball	tollas	atlétika
እግር ኳስ	የላባ ኳስ ጨዋታ	አትሌቲክስ

kézilabda	síelés	lovaspóló
የእጅ ኳስ ስፖርት	የበረዶ መንሸራተት ስፖርት	ፈረስ ግልቢያ

ugrani
መዝለል
ölelni
ማቀፍ
nevetni
መሳቅ
sétálni
መራመድ
énekelni
መዘመር
álmodni
ህልም ማለም
dicsérni
መፀለይ
csókolni
መሳም

írni

መፃፍ

rajzolni

መሳል

mutatni

ማሳየት

tolni

መግፋት

adni

መስጠት

vinni

መዉሰድ

birtokolni

መያዝ

csinálni

ማድረግ

lenni

መሆን

állni

መቆም

futni

መሮጥ

húzni

መሳብ

hajít

መወርወር

esni

መዉደቅ

hazudni

መዋሸት

várni

መጠበቅ

vinni

መሸከም

ülni

መቀመጥ

felvenni

መልበስ

aludni

መተኛት

felébredni

መንቃት

ránézni

መመልከት

sírni

ማለልቀስ

simogat

መጫር

fésülni

ማበጠር

beszélni

ማዉራት

megérteni

መረዳት

kérdezni

ጥያቄ

hallgatni

ማዳመጥ

inni

መጠጣት

enni

መብላት

takarítani

ማንፃት

szeretni

ማፍቀር

főzni

ምግብ ማብሰል

vezetni

መንዳት

szállni

መብረር

vitorlázni

መርከብ መንዳት

számol

ቁጥሮችን ማስላት

olvasni

ማንበብ

tanulni

መማር

dolgozni

መስራት

házasodni

ማግባት

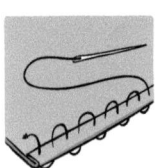

varrni

መስፋት

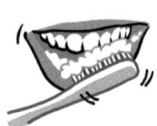

fogat mosni

ጥርስ መቦረሽ

ölni

መግደል

dohányozni

ማጨስ

küldeni

መላክ

nagymama
የሴት አያት

nagypapa
የወንድ አያት

apa
አባት

anya
እናት

kisbaba
ህፃን

lány
ሴት ልጅ

fiú
ወንድ ልጅ

vendég

እንግዳ

nagynéni

አክስት

nagybácsi

አጎት

fiútestvér

ወንድም

lánytestvér

እህት

test

አካል

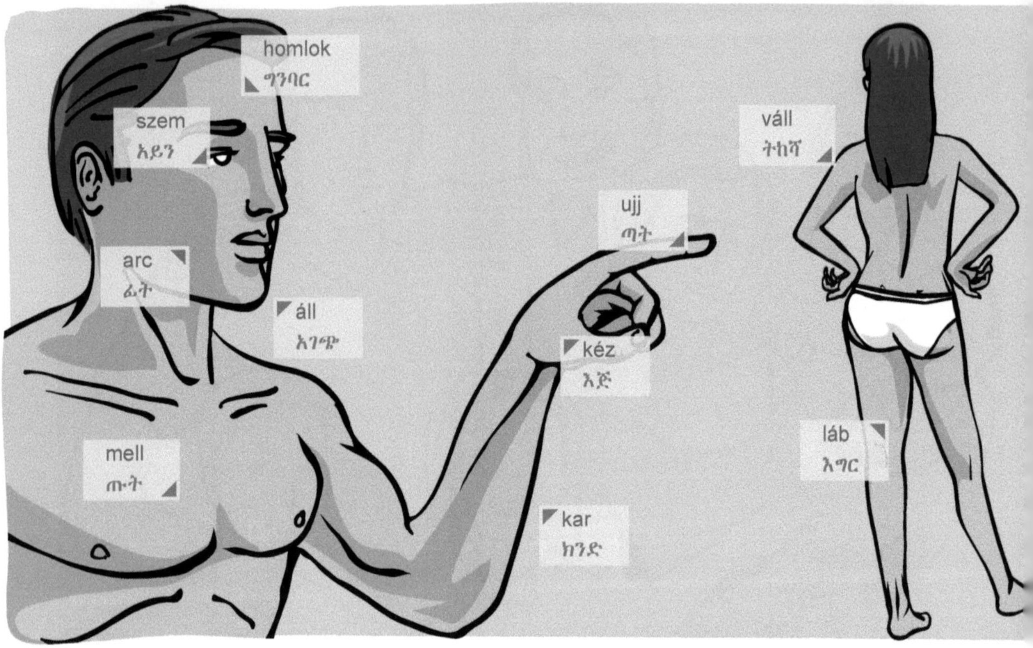

homlok
ግንባር
szem
አይን
váll
ትከሻ
ujj
ጣት
arc
ፊት
áll
አገጭ
kéz
እጅ
láb
እግር
mell
ጡት
kar
ክንድ

kisbaba

ህፃን

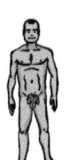

ember

ሰዉ

nő

ሴት

lány

ልጃገረድ

fiú

ወንድ ልጅ

fej

ራስ

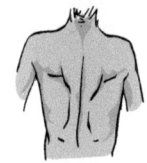

hát

ጀርባ

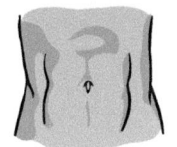

has

ሆድ

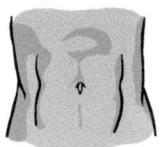

köldök

እምብርት

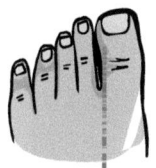

lábujj

የእግር ጣት

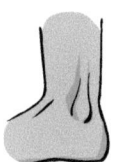

sarok

ተረከዝ

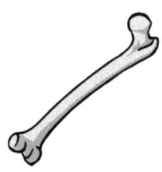

csont

አጥንት

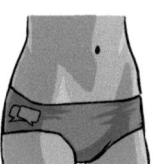

csípő

ዳሌ

térd

ጉልበት

könyök

ክርን

orr

አፍንጫ

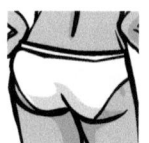

fenék

ቂጥ

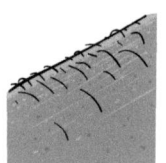

bőr

ቆዳ

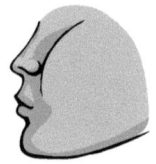

orca

ጉንጭ

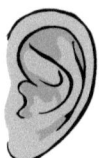

fül

ጆሮ

ajak

ከንፈር

száj

አፍ

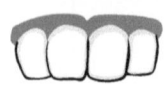

fog

ጥርስ

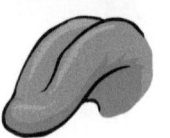

nyelv

ምላስ

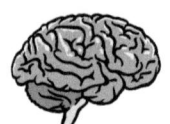

agy

አንጎል

szív

ልብ

izom

ጡንቻ

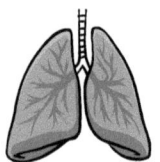

tüdő

ሳምባ

máj

ጉበት

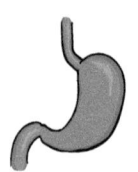

gyomor

ሆድ

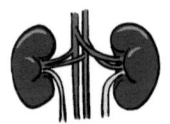

vese

ኩላሊቶች

szex

የግብረስጋ ግንኙነት

kondom

ኮንዶም

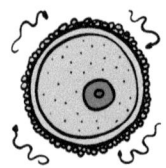

petesejt

የሴት እንቁላል

sperma

የዘር ፈሳሽ

terhesség

እርግዝና

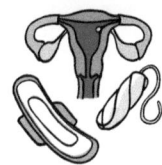

menstruáció

የወር አበባ

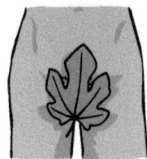

vagina

እምስ

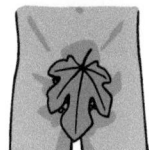

pénisz

ቁላ

szemöldök

ቅንድብ

haj

ፀጉር

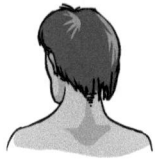

nyak

አንገት

kórház

ሆስፒታል

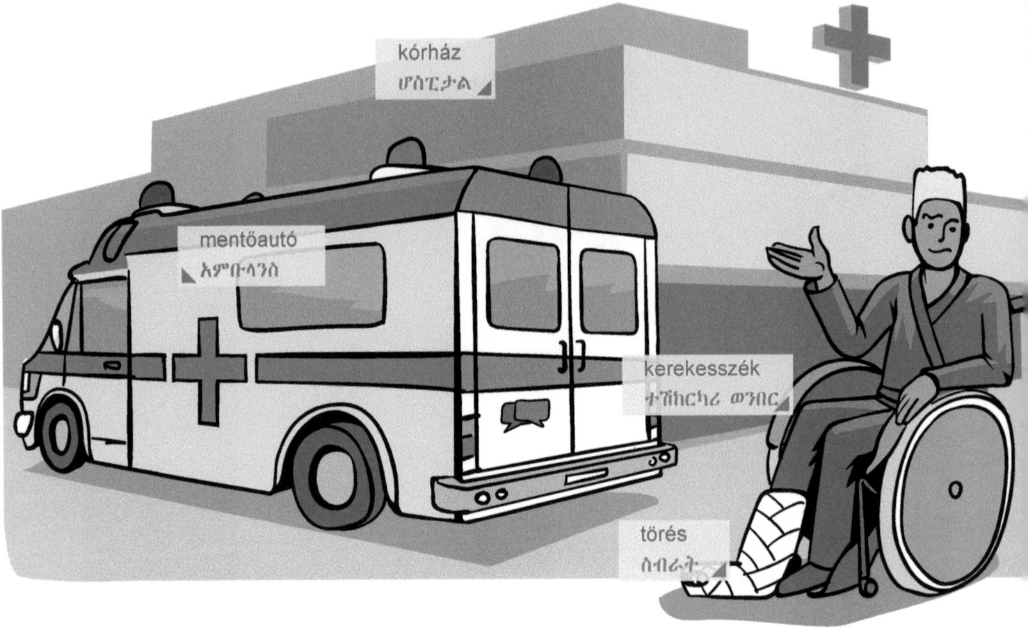

kórház
ሆስፒታል
mentőautó
አምቡላንስ
kerekesszék
ተሽከርካሪ ወንበር
törés
ስብራት

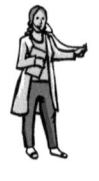

orvos

ዶክተር

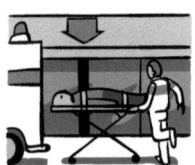

sürgősségi osztály

ድንገተኛ ክፍል

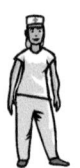

ápoló

ነርስ

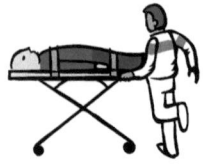

vészhelyzet

ድንገተኛ

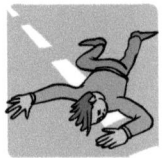

eszméletlen

ራስን መሳት/ አለማወቅ

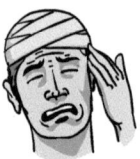

fájdalom

ህመም

sérülés

ጉዳት

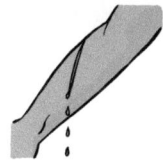

vérzés

መድማት

szívroham

የልብ ድካም

szélütés

ስትሮክ

allergia

አለርጂ

köhögés

ሳል

láz

ትኩሳት

influenza

ኢንፍሉዌንዛ

hasmenés

ተቅማጥ

fejfájás

የራስ ምታት

rák

ካንሰር

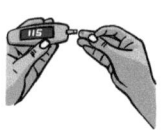

cukorbetegség

የስኳር በሽታ

sebész

ቀዶ ጠጋኝ ሐኪም

szike

የቀዶ ጥገና ስለት

műtét

ቀዶ ጥገና

CT

ሲቲ

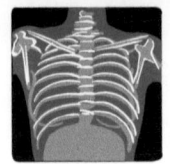

röntgen

ኤክስሬዮ

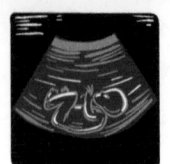

ultrahang

አልትራሳዉንድ

arcmaszk

የፊት ጭምብል

betegség

በሽታ

váróterem

መጠበቂያ ክፍል

mankó

ምርኩዝ

sebtapasz

የቁስል ማሸጊያ

kötszer

ፋሻ

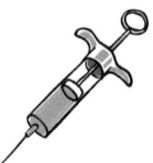

injekció

መርፌ

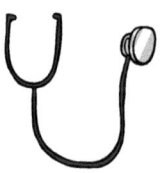

sztetoszkóp

የልብ ምት ማዳመጫ መሳሪያ

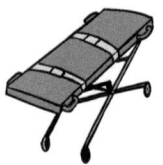

hordágy

የበሽተኛ አልጋ

klinikai hőmérő

የህክምና ሙቀት መለኪያ መሳሪያ

születés

መውለድ

túlsúly

ከልክ ያለፈ ክብደት

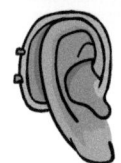

hallókészülék

ለመስማት የሚረዳ መሳሪያ

fertőtlenítőszer

ፀረ ተባይ መድሀኒት

fertőzés

ማመርቀዝ

vírus

ቫይረስ

HIV/AIDS

ኤች አይቪ ኤድስ

orvosság

ህክምና

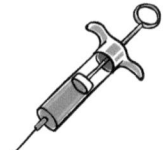

oltás

ክትባት

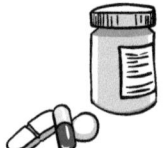

tabletták

ኪኒን

tabletta

ኪኒን

sürgősségi hívás

አስቸኳይ የስልክ ጥሪ

vérnyomásmérő

ደም ግፊት መቆጣጠሪያ

betegség / egészség

ህመም/ ጤንነት

vészhelyzet

ድንገተኛ

Segítség!

እርዳታ!

riasztás

ማንቂያ ደወል

rajtaütés

ጥቃት

támadás

ድብደባ

veszély

አደጋ

vészkijárat

የድንገተኛ መዉጫ

tűz!

እሳት!

tűzoltókészülék

እሳት ማጥፊያ

baleset

አደጋ

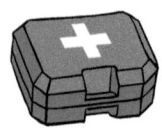

elsősegélycsomag

የመጀመሪያ እርዳታ መድሃኒት መያዣ

SOS

ነፍስ አድን

rendőrség

ፖሊስ

Európa

አዉሮፓ

Észak-Amerika

ሰሜን አሜሪካ

Dél-Amerika

ደቡብ አሜሪካ

Afrika

አፍሪካ

Ázsia

እስያ

Ausztrália

አዉስትራሊያ

Atlanti-óceán

አትላንቲክ

Csendes-óceán

ፓስፊክ

Indiai-óceán

የህንድ ዉቅያኖስ

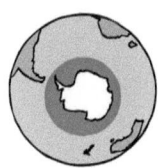

Déli-óceán

አንታርክቲክ ዉቅያኖስ

Jeges-tenger

አርክቲክ ዉቅያኖስ

Északi-sark

ሰሜን ዋልታ

Déli-sark

ደቡብ ዋልታ

Antarktisz

አንታርክቲካ

föld

ምድር

szárazföld

መሬት

tenger

ባህር

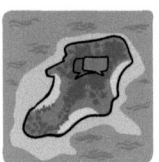

sziget

ደሴት

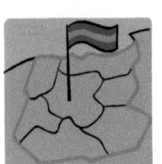

nemzet

አገርና ህዝብ

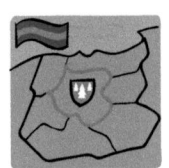

állam

መንግስት

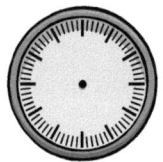

számlap

የሰዓት ገፅታ

kismutató

ሰዓት

nagymutató

ደቂቃ

másodpercmutató

ሴኮንድ

Mennyi az idő?

ስንት ሰዓት ነው?

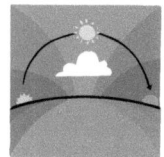

nap

ቀን

idő

ጊዜ

most

አሁን

digitális óra

የቁጥር ሰዐት

perc

ደቂቃ

óra

ሰዓታት

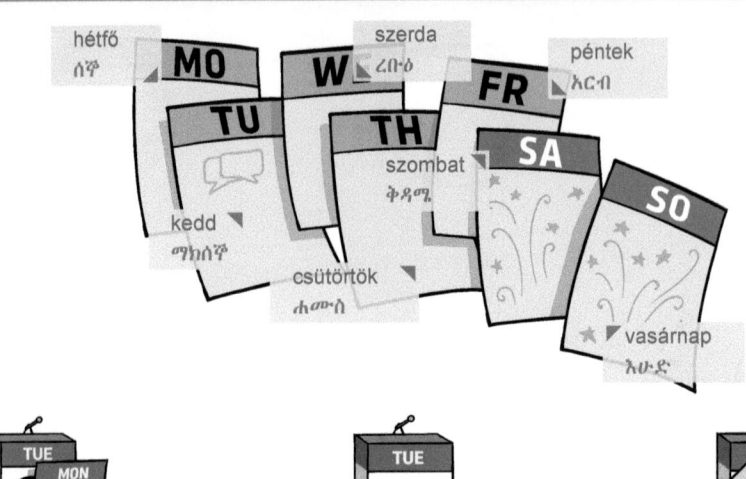

hét

ሳምንት

hétfő
ሰኞ
kedd
ማክሰኞ
szerda
ረቡዕ
csütörtök
ሐሙስ
péntek
አርብ
szombat
ቅዳሜ
SA
vasárnap
እሁድ

tegnap

ላን

ma

ዛሬ

holnap

ነገ

reggel

ማለዳ

dél

ቀ ር

este

ምሽ

hétköznap

የስራ ቀና

hétvége

የዕረፍ ቀና

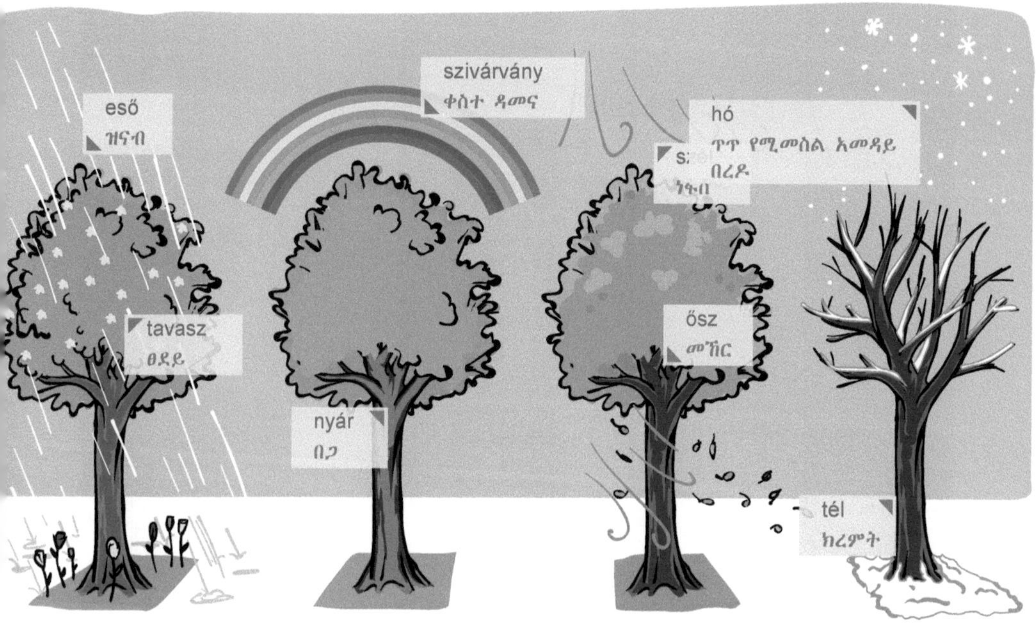

szivárvány
ቀስተ ዳመና
eső
ዝናብ
hó
ጥጥ የሚመስል አመዳይ
በረዶ
tavasz
ፀደይ
ősz
መኸር
nyár
በጋ
tél
ክረምት

4.APRIL 11°
5.APRIL 4°
6.APRIL 13°
7.APRIL 8°
8.APRIL 10°

időjárás előrejelzés

የአየር ሁኔታ ትንበያ

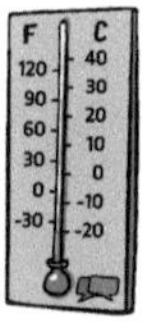

hőmérő

የሙቀት መለኪያ

napsütés

የፀሀይ ሙቀት

felhő

ደመና

köd

ጭጋግ

páratartalom

እርጥበታማነት

villámlás

መብረቅ

mennydörgés

ነጎድጓድ

vihar

አዉሎ ንፋስ

jégeső

የበረዶ ዝናብ

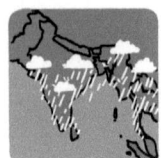

monszun

አዉሎ ንፋስ

áradás

ጎርፍ

jég

በረዶ

január

ጥር

február

የካቲት

március

መጋቢት

április

ሚያዚያ

május

ግንቦት

június

ሰኔ

július

ሐምሌ

augusztus

ነሀሴ

év - ዓመት

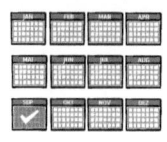

szeptember

መስከረም

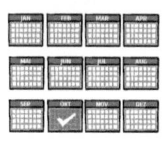

október

ጥቅምት

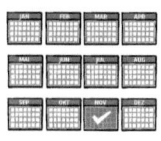

november

ህዳር

december

ታህሳስ

alakzatok

ቅርፆች

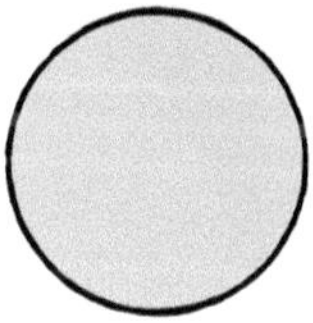

kör

ክብ

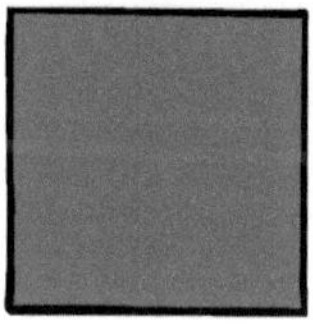

négyzet

አራት ማዕዘን

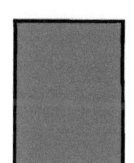

téglalap

አራት ቀጥተኛ ማዕዘኖች ጎኖች ያሉት ቅርፅ

háromszög

ሶስት ማዕዘን

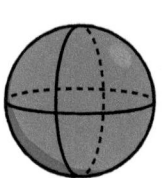

gömb

ሉል

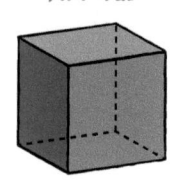

kocka

ስድስት ጎን ያለዉ ቅርፅ

színek
ቀለማት

fehér

ነጭ

sárga

ቢጫ

narancs

ብርቱካናማ

rózsaszín

ሮዝ

piros

ቀይ

lila

ወይን ጠጅ

kék

ሰማያዊ

zöld

አረንጓዴ

barna

ቡኒ

szürke

ግራጫ

fekete

ጥቁር

sok / kevés

ብዙ/ ጥቂት

mérges / nyugodt

ንዴት/ እርጋታ

szép / csúnya

ቆንጆ/ አስቀያሚ

kezdet / vég

ጅማሬ/ ፍፃሜ

nagy / kicsi

ትልቅ/ ትንሽ

világos / sötét

ደማቅ/ ደብዛዛ

fivér / nővér

ወንድም/ እህት

tiszta / koszos

ንፁህ/ ቆሻሻ

teljes / nem teljes

የተሟላ/ ያልተሟላ

nappal / éjszaka

ቀን/ ምሽት

halott / élő

የሞተ/ ህያዉ

széles / keskeny

ሰፊ/ ጠባብ

ehető / nem ehető

የሚበላ/ የማይበላ

gonosz / kedves

ክፉ/ ደግ

izgatott / unott

ደስተኛ/ ድብርተኛ

kövér / vékony

ወፍራም/ ቀጭን

első / utolsó

መጀመርያ/ መጨረሻ

barát / ellenség

ጓደኛ/ ጠላት

teli / üres

ሙሉ/ ጎዶሎ

kemény / puha

ጠንካራ/ ለስላሳ

nehéz / könnyű

ከባድ/ ቀላል

éhség / szomjúság

ረሃብ/ ጥማት

betegség / egészség

ህመም/ ጤንነት

illegális / legális

ህገወጥ/ ህጋዊ

intelligens / buta

ጎበዝ/ ደደብ

bal / jobb

ግራ/ ቀኝ

közel / távol

ቅርብ/ ሩቅ

új / használt

አዲስ/ አሮጌ

semmi / valami

ን / የሆነ ነገር

idős / fiatal

ማግሌ/ ወጣት

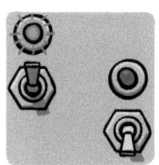

be / ki

የ ራ/ የጠፋ

nyitva / zárva

ክፍት/ ዝግ

csendes / hangos

ፀጥታ/ ጫጫታ

gazdag / szegény

ሃብታ / ደሃ

helyes / helytelen

ትክክለኛ/ የተሳሳተ

érdes / sima

ሻካራ/ ለስላሳ

szomorú / vidám

ሐዘን/ ደስታ

rövid / hosszú

አጭር/ ረዥ

lassú / gyors

ዝግተኛ/ ፈጣን

nedves / száraz

እርጥብ/ ደረቅ

meleg / hideg

ሞቃት/ ቀዝቃዛ

háború / béke

ጦርነት/ ሰላ

számok
ቁጥሮች

0

nulla

ዜሮ

1

egy

አንድ

2

kettő

ሁለት

3

három

ሶስት

4

négy

አራት

5

öt

አምስት

6

hat

ስድስት

7

hét

ሰባት

8

nyolc

ስምንት

9

kilenc

ዘጠኝ

10

tíz

አስር

11

tizenegy

አስራ አንድ

12

tizenkettő

አስራ ሁለት

13

tizenhárom

አስራ ሶስት

14

tizennégy

አስራ አራት

15

tizenöt

አስራ አምስት

16

tizenhat

አስራ ስድስት

17

tizenhét

አስራ ሰባት

18

tizennyolc

አስራ ሰስምንት

19

tizenkilenc

አስራ ዘጠኝ

20

húsz

ሃያ

100

száz

መቶ

1.000

ezer

ሽህ

1.000.000

millió

ሚሊዮን

nyelvek

ቋንቋዎች

angol

እንግሊዝኛ

amerikai angol

የአሜሪካ እንግሊዝኛ

mandarin kínai

የቻይና ማንዳሪን

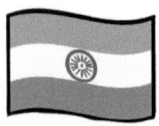

hindi

ሂንዱ

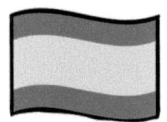

spanyol

ስፓኒሽ

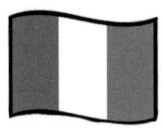

francia

ፍሬንች

arab

አረብኛ

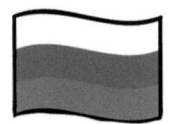

orosz

ራሺያኛ

portugál

ፖርቱጊዝ

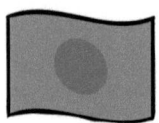

bengáli

ቤንጋሊ

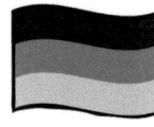

német

ጀርመን

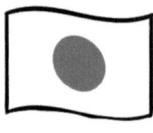

japán

ጃፓንኛ

ki / mi / hogyan
ማን/ ምን/ እንዴት

én

እኔ

te

አንተ

ő

እሱ/ እርሷ/ እቃዉ

mi

እኛ

ti

አንተ

ők

እነርሱ

ki?

ማን?

mi?

ምን?

hogyan?

እንዴት?

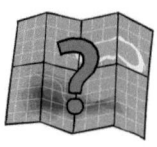

hol?

የት?

mikor?

መቼ?

név

ስም

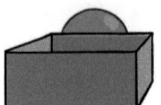

mögött

በስተጀርባ

benne

ዉስጥ

előtte

ከፊት ለፊት

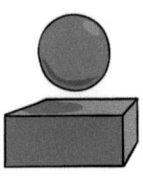

felette

ከላይ

rajta

ላይ

alatta

ከስር

mellett

አጠገብ

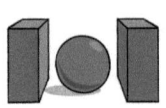

között

መሃከል

hely

ቦታ